X

Ⓒ

28486

MANUEL
DE
LECTURE ÉLÉMENTAIRE

D'APRÈS LA MÉTHODE COMBINÉE

DE LECTURE, D'ÉCRITURE ET D'ORTHOGRAPHE,

PAR

A. A. F. M.

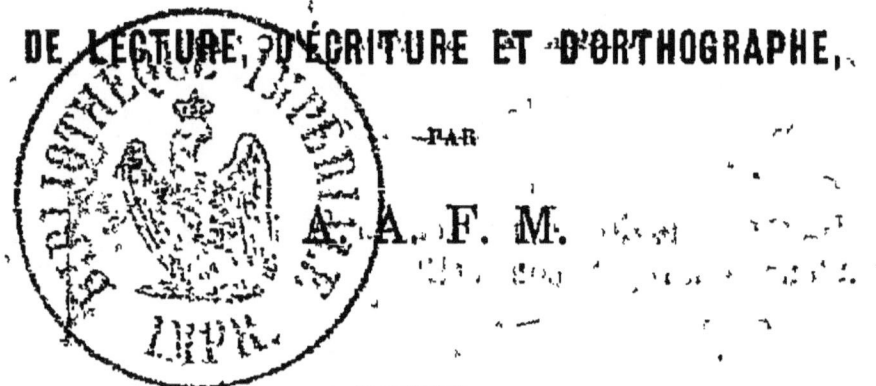

PREMIÈRE PARTIE.

DEUXIÈME ÉDITION.

NAMUR.

IMPRIMERIE DE VEUVE F.-J. DOUXFILS, RUE DE LA CROIX.

1868

RÉSERVE DE TOUS DROITS.

Tout exemplaire non revêtu de la signature abrégée de l'auteur sera réputé contrefait.

MARCHE A SUIVRE.

1° Donner aux enfants une connaissance exacte et pratique des exercices préliminaires de lecture et d'écriture (1).

2° Leur apprendre la lettre ou les lettres qui font l'objet de la leçon, en procédant comme suit :

a. Former la lettre d'écriture au tableau noir; en faire connaître le son ou le nom et les différentes parties constitutives; la faire ensuite écrire sur l'ardoise.

b. Dessiner, au tableau noir, le caractère d'imprimerie; en émettre ensuite le son ou le nom, selon la méthode employée par le maître (1). Ce caractère ne doit pas être reproduit sur l'ardoise.

3° Faire montrer et nommer les lettres expliquées, se servant du tableau de lecture et du manuel de l'élève.

4° Faire successivement lier les sons ou épeler, syllaber et lire la leçon, d'abord au tableau de lecture, puis dans le livre.

5° Apprendre à écrire la leçon en caractères d'écriture, et la faire copier, d'abord en classe, sous la surveillance d'un moniteur, puis à la maison paternelle. On pourra aussi, à des enfants déjà un peu avancés, dicter la leçon et la faire corriger par eux-mêmes au moyen de leur manuel.

---

(1) Voir le manuel du maître.

OBSERVATIONS.

1º Ne point passer à l'exercice suivant, avant que les élèves sachent parfaitement le précédent.

2º Le présent Manuel étant méthodiquement arrangé peut s'adapter à n'importe quelle méthode de lecture élémentaire. Quoique nous tenions considérablement à faire marcher de pair la lecture et l'écriture, nous prévenons néanmoins les maîtres qui ne seraient point partisans de cette méthode combinée, qu'ils peuvent se servir avantageusement de notre livre. Ils n'ont qu'à se borner à faire copier les caractères d'écriture.

3º Pour de plus amples explications sur l'emploi du livre, ainsi que sur les différentes méthodes de lecture, voir notre manuel du maître, qui traite :

a, De l'importance de la lecture en général;

b, Des différents degrés dans l'enseignement de la lecture;

c, Des principaux moyens de hâter les progrès dans la lecture élémentaire;

d, Des diverses méthodes de lecture;

e, Des qualités que doivent avoir le manuel et les tableaux de lecture;

f, Du plan de notre manuel;

g, De la marche à suivre dans l'enseignement de la lecture élémentaire.

L'Auteur.

— 3 —

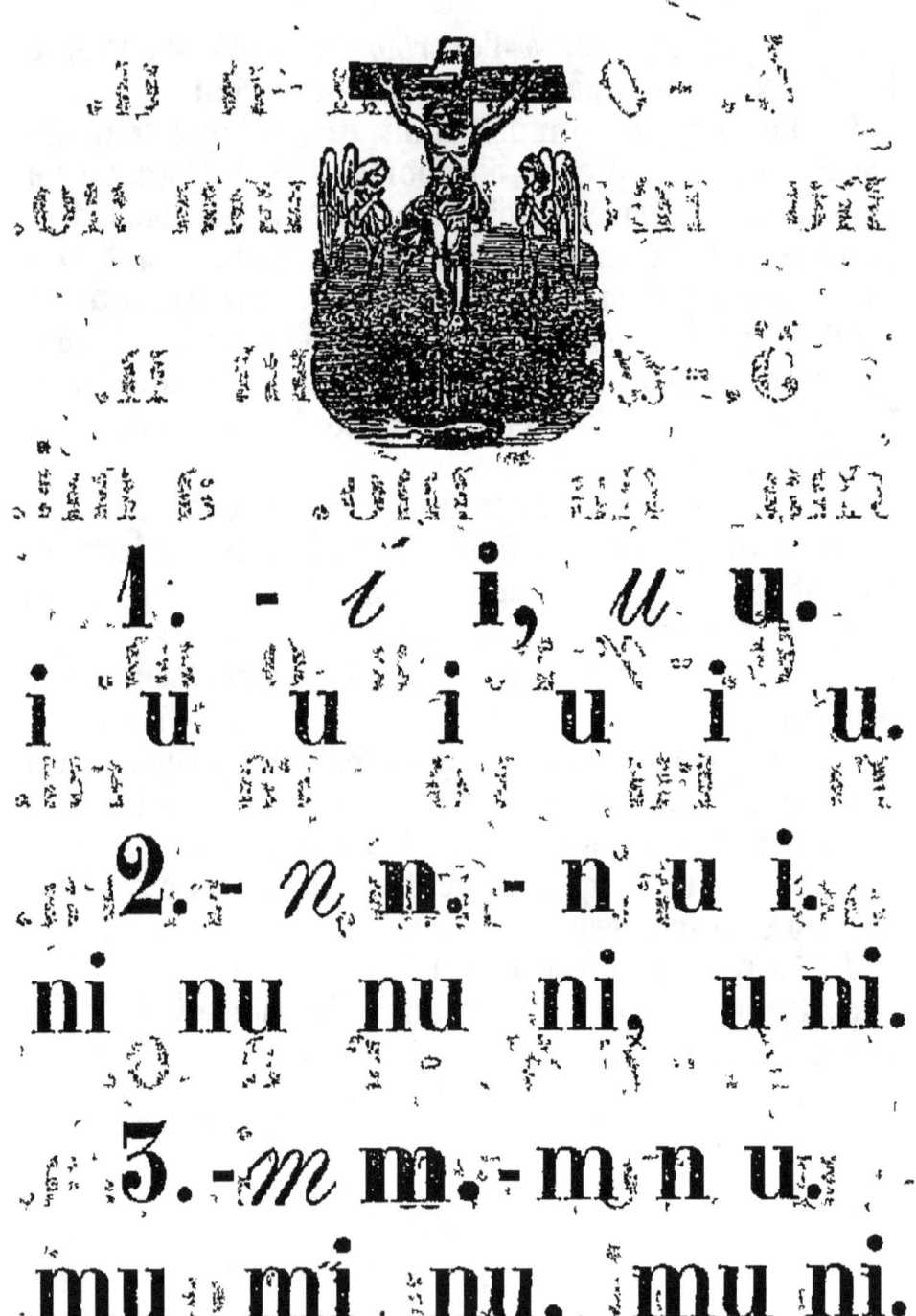

1. - *i* i, *u* u.
i u u i u i u.
2. - *n* n. - n u i.
ni nu nu ni, u ni.
3. - *m* m. - m n u.
mu mi nu, mu ni.

4. - o o. - m n u.
no mo ni, mu no.

5. - a a. - o m n.
ma na mo, a mi.

6. - r r. - a o m.
ri ru ro ra ru.
no ri mu, ri ra.

7. - v v. - r a o.
vu vo va vi va.
no vi ru, vo mi.

me re ve ne re.
mi vu ra no ve.
a re, ri ve, ve nu.
8. - e e. - v r a.

9. - é, é, ê. - e v.
né, mé ré vé rê
mè nè vê rê mê.
né vè me nè ré.
ve mi ru ne vè.
re né, mè re, rê ve.

10. - î, û, ô, â. - ê é.

mî ri, vû, nû, vô, mû
nô mâ rê vâ rô vé.
ro nu ve mi va rê.
â ne, â me, mû ri, mû re.

11. - ∫ s. - â ê é.

sa su so sê se sè.
mû né si ro sé va.
se mé, si re, se ra, sû re.

12. - z z. - s ô è.

zo zi za ze zu zé.
ru ne zo ma vè za.
zé ro, zo ne, zi zi, a zu ré.

13. - i. r, i...s. - z s.

ri ir ra ar ru ur or,
si is sa as us ir os.
na vu re mi os ze ur.
ar me, or né, ur ne, or me.

14. - c c. - z s v.

ca ae co oc ic uc ae.
mu oc is ar ni us vé.
ca ve, cu ré, cu ve, canari.

15. - x x. - c z s.

ax ux ix ox xe xi xu.
sa ri xa is oc xé ve.
a xe, ri xé, su ne maxime.

46. - *l* l. - x c z.

la al le li il lo ol ul.
lu mé ne vé lè so là ix.
l'â me, l'î le, la mo ra le,
la sa li ve, l'al cô ve.

l'é lè ve va à l'é co le —
il li ra — il a lu — la
lu ne se lè ve — ca ro li ne
a la vé la cu ve — é mi le
ré vè re sa mè re.

47. - *b* b, *p* p. - l x.

bi bo bu bé ba ab ob ib.
po pe pa ap pi ip up op.
vu bi pi op ze ba pa vi.

bi le, pu ni, ro be, pi pe,
bo bi ne, pa ro le, l'é pi ne.
le pa pe a bé ni pa pa à
ro me—le pa vé sa le se ra
la vé—l'a ra be a ré pa ré
sa ca ba ne—l'é pi mû ri ra.

18.- *d* **d,** *t* **t.-p b l.**
de di do dé te to té ta.
du tu il to ad it po bo.
da te, vi de, tê te, do ré,
ti mi de, du re té, dé vo te,
la ca po te, ap ti tu dé.
a do re la di vi ni té—
pa pa a dî né à mi di—

ma mère me dira la vérité — le malade a bu de la limonade — imite le modèle.

19. — sur, roc, vis.

mu mur sa sac li lis vis ba bal val su sud ca cap soc but par bis mal sur vol. rôti, rôtir, dormi, dormir, liste, calme, partir, castor, tartine, robuste, corporal.

la surdité de victor a disparu; il ira mardi à l'école — évite le mal —

le canal a débordé — l'étude du calcul.

20. — sac, tir, vol.

ac lac bac ur pur dur par
is vis bis al val cal vol
car col suc tir nul rit pal
carte, l'azur, sortir, pascal,
cultivé, arbuste, parvenir.

---

l'artiste porte le buste du cardinal — la morsure de l'aspic — émile patine sur le canal ; il a été à la poste — la récolte sera

tar di ve — le ma la de a
é té cal me — le sol na tal.

21. - 𝒋 j. - d t b.

ju je ji jé ja jas jo jor.
bil vol par joc jar vis job.
ju bé, je té, ja dis, jus te,
jas pe, ju bi lé, ma jo ri té.

j'ad mi re le jo li cos tu me
du ma jor — ja cob va
dé jà à l'é co le — je dî ne
à mi di — je t'ad ju re de
di re la jus te vé ri té —
je por te de la pâ te de
ju ju be à jé rô me.

22. - *g* g. - j t d.

ga go gu gar gol gus gor.
mil gur sol suc cor cal vas.
ga re, go bé, gar dé, é gal,
lé gu me, ri go le, or ga ne.

la cavale de gaspar galope
—joris a été à la gare; il
a gâté sa capote—papa a
égaré sa pipe—ma mère a
garni sa robe de gaze.

23. - *f* f. - g j t.

fu fo of fa af fé fi fil.
mur fol dur vif roc for tif,

fu mé, ca nif, fè ve, ac tif,
fi gu re, fa ri ne, for tu ne.

---

fi dè le fe ra du ca fé à mi di —— une carafe de faro —— jus ti ne ôte la pe lu re de la fè ve —— la fa mi ne fi ni ra —— je for me le fu tur de finir.

24. - *h* h. - f g j.

ha hu ho hi hé hâ hor hal.
for vif col har tir cap hur.
hu mé, ho là, har di, hur lé,
la hâ te, la hor de, la har pe.

---

pa pa sè me de la sa la de
hâ ti ve — je me hâ te de
fi nir — le ma la de a la
fi gu re hâ ve — le cap tif a
la mi ne ha gar de.

25. ai=è, au=ô. -f g h.

lai rai mai fau sau hau.
tai jau pau paul l'air pair.
lai ne, sau té, ba lai, fau tif,
di zai ne, l'au ro re, l'au bai ne.

j'ai me à faire l'au mô ne —
paul ne sau ra tai re sa
fau te à sa mè re — l'au be
du vi cai re — lau re a

par lé au no tai re — le
so li tai re gar de lu ne
par fai te, so li tu de — le
mi li tai re por te la ca ra bi ne
sur l'é pau le.

26. - eu = e, ou. - ai au.

peu feu jeu veu, seul leur
neuf veuf peur, mou sou cou.
jour l'air paul deur tour pour.
ne veu, a veu, hi bou, cou cou,
cou leur, bou deur, dou leur,
vau tour, sau veur, dé jeû né,
dou zai ne, hau teur, eu ro pe,
sou hai té, de meu re, jour nal.

l'au di teur é cou te l'o ra teur — l'a mour du sau veur — la bou le rou le sur la rou te — ma jeu ne pou le cou ve — le ne veu du maire fe ra jeu di u ne cour se pour le doc teur.

27.-an, on.-eu ou ai.

van pan han mon ton son.
bon man pour don ban bai.
la san té, bon té, du sa von,
sa lon, can deur, bon bon,
can ton, fau con, bour don,
le pan ta lon, fan fa ron.

ma tan te ma ton du son
mou ton — si mon a vu le
ba ron sur son bal con —
je por te de la con fi tu re au
bon con duc teur — ma man,
je de man de par don pour
fan fan — bon jour pa pa,
bon jour ma man.

28. - in, un. - an on.

vin lin fin lun cun dun.
pin bouc fun non sin peu.
au cun, ma tin, tin té, pin son,
la pin, pin te, pa tin, ma rin,
l'a lun, dé fun te, re din go te.

fir min me fe ra don d'un pin son — an to nin a cou pé le fil de mon pan tin — le pè le rin a de man dé par don pour le vo leur — mar tin a por té son se rin au jar din — pau lin a vu lun di ma tin un din don au jar din du mou lin.

29. - ch. - in un an on.

chu che ché cha char chou.
cour chan sauf chair chin.
chê ne, che min, va che,
cha cun, bou chon, chan son,

che veu, po che, l'é vê ché, la cha ri té, chu cho té.

---

mon se rin chan té de bon ma tin—le ri che fe ra la cha ri té—é vi te le pé ché—l'a dul te va le di man che à l'é co le—ma man a che té un châ le au mar ché—cha cun ad mi re la cha ri té de ta chè re tan te.

30.-ph=f.-ch in un.

pha phé pho phi phir phin.
phos four phon cheur phil.
le pha re, phé nix, sa phir,

le dau phin, le phos pho re,
un sé ra phin, phi lis tin.

al phon se mon te sur le phare — ma mère a acheté une re din go te pour un or phe lin — le jeune da vid cou pa la tête au phi lis tin — le fa ro s'é cou le par le si phon.

31. - th = t (1). - ph ch.

thé tha tho thur l'hu rhu.
l'heu thi phar rhé chal luth.
le thè me, tha bor, tho rax,

(1) On se servira de cet exemple pour faire distinguer le h muet.

ar thur, l'heu re, l'hu meur,
rhu me, hu mi de, ha bi le,
rhu bar be, l'ha bi tu de.

on por te le ma la de à
l'hô pi tal — ar thur a bu du
vin d'ab sin the — hé las!
mar the au ra le mal heur
de de ve nir or phe li ne —
l'hu mi li té é lè ve le mé ri te;
la va ni té le ra va le.

32. - *k* k, *q* q, qu = c.
ki ké ko que qui quin
coq qua pin thé kou quai
ki lo, bar que, mo ka, quinze,

la pi qû re, qua ran te,
la bou ti que, la co li que,
la quan ti té, qui con que.

cha que mi li tai re por te
son ké pi — le coq chan te
— l'a va re n'ai me que son
or — l'é vê que por te u ne
tu ni que — on chan te un
jo li can ti que à la fin de
l'é co le.

55. — *y* y = i, *w* w.

wa we wi ly ty py phy.
war que mys feu tyr choc.

mar tyr, wa gon, ty ran, wis ki, mys tè re, war ne ton, sys tè me.

———

l'é vê que a te nu un sy no de — re my a a che té un jo li wis ki — la hau teur de la py ra mi de — vic tor a lu la cap ti vi té de ba by lo ne.

34. - gu= g. - w y k th.

gué guê gui guè guir guin.
gui qui wé que gue gar car.
le gui de, la ba gue, gué ri,
fi gue, gui ta re, guin dé, lan guir.

———

mon jeu ne gui de m'a fa ti gué — u ne guê pe t'a pi qué à la fi gu re — le do gue é cu me —

mon pè re a dé ta ché la
guir lan de.

35. — g = j. — gu w y.

ge gé gi gê gy geu geur.
go gai geai jeu war go geo.
la pa ge, gé mir, gî te, ge nou,
le gyp se, gé né ral, vo la ge.

é cou te un a mi sa ge — que la
cha ri té a ni me ton cou ra ge —
le sa ge se dis tin gue par son
lan ga ge — l'o ra ge a ra va gé la
ré col te — au gus te a chan gé la
ca ge de son sin ge; il fe ra du
ta pa ge — mon pi geon a dé jà
man gé u ne quan ti té d'or ge.

36. c, ç = s. – gé ga.

ci ce cé cy ça çu ço çon.
cir car wis cin quan chon.
ce ci, cé dé, ci ré, dou ce, le çon,
cin quan te, le ca li ce, la cé ci té.

---

ce gar çon a é té do ci le — il a
re çu u ne le çon de ci vi li té — le
ca pu cin por te un ca pu chon —
le ma çon mon te sur la ci me
de la fa ça de.

37. – s = z. – ce ça co.

u sé o sé u si ai se ai san.
ro sé, ru sé, va se, pe sé, cho se,
cou su, chai se, sai son, fai san,
la che mi se, la me su re, mi sè re.

désiré a déjà mangé du raisin mûr — je me lave le visage — casimir se repose sur la chaise — ma cousine a bu de la tisane — basile visitera son cousin qui réside à visé.

38. — e = è.

er es ec ex el ep ef.

mer fer ver cher bec sec sel tel quel cep nef chef. la vertu, merci, perdu, cherché, le texte, le festin, resté, lecteur, mortel, éternel, excepté.

le domestique cherche du persil au jardin — le lecteur a terminé

la lec tu re — ce mi li tai re a
per du sa gi ber ne — un bon
chef mé ri te qu'on le res pec te.

39. -ée, ie, ue. - er es ec.

née fée pie vie nue vue rue
raie baie haie joue roue boue.
é pée, co pie, jour née, par tie,
fu mée, dic tée, sor tie, é mue,
l'é cu rie, l'a ve nue, sou te nue.

je sa lue ma rie, ma mè re ché rie
— le do mes ti que ba laie u ne
par tie de la rue — la roue du
mou lin tour ne tou te la jour née
— je loue l'é lè ve qui a voue sa
fau te — l'ar mée bar ba re a é té
ex ter mi née.

40. - est= è. - ée ie.

la vie est cour te — le mé ri te est ra re — le bel ge est ci vil — le mo nar que est sa ge — le cu ré est zé lé — l'é lè ve est do ci le — le do mes ti que est fi dè le — la tour est hau te — la mai son est so li de — la fa ça de de l'é co le est jau ne — la bou le est ron de — le roc est dur — l'â ne est tê tu — la cour est lar ge — la rue est pa vée — la rou te est lon gue — l'hi ver est ru de — l'her be est ver te — ma rie est la mè re du sau veur du mon de — ma le çon de lec tu re est ter mi née.

41. — et = é. l = est ue.

honore ton père et ta mère — le sage est timide, la vertu et dé tes té — le vice — j'admire la bonté et le courage de ma tante — ma leçon est courte et facile — adolphe chante et la petite joséphine joue — le pigeon roucoule et le hibou hue — mon canari est fatigué; il a chanté et sauté toute la matinée — auguste et tu die et julie récite sa leçon à maman — lucie a mal à la tête et à la gorge — le domestique a déchiré sa redingote et son pantalon — le garde a tiré ce

ma tin un jo li fai san et un
la pin sau va ge — jo seph
a per du son ca nif et son
é char pe — les bû che ron a
cou pé un chê ne, un sa pin et
un sau le.

42.

mon cou sin est gué ri : il est
ve nu ce ma tin di re le bon
jour à pa pa et à ma man — ce
bon gar çon ai me l'é co le et
l'é tu de; il est sa ge, po li et
re te nu; il n'est ni tê tu, ni
vo la ge; il é vi te la dis pu te
et la mé di san ce; il ai me la
ver tu et dé tes te le vi ce; il
se ra bé ni — i mi te son a mour,

sa cha ri té, sa bon té, sa dou ceur, sa mo des tie, son zè le, sa do ci li té et son a ma bi li té, et la bon té di vi ne te bé ni ra de mê me.

a b c d e f g

a b c d e f g

h i j k l m n

h i j k l m n

o p q r s t u

o p q r s t u

v w x y z

v w x y z.

e é è ai au eu

é è ê ai au eu

ou an on in un

ou an on in un

ch ph th

ch ph th

1 2 3 4 5 6 7 8 9 0

1 2 3 4 5 6 7 8 9 0.

MANUEL

DE

LECTURE ÉLÉMENTAIRE

D'APRÈS LA MÉTHODE COMBINÉE

DE LECTURE, D'ÉCRITURE ET D'ORTHOGRAPHE,

PAR

A. A. F. M.

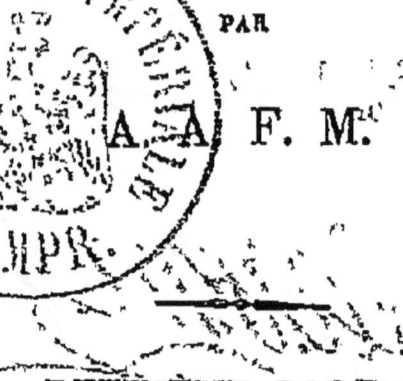

DEUXIÈME PARTIE.

NAMUR.

IMPRIMERIE DE VEUVE F.-J. DOUXFILS, RUE DE LA CROIX.

1868

RÉSERVE DE TOUS DROITS.

———

Tout exemplaire non revêtu de la signature abrégée de l'auteur sera réputé contrefait.

— 3 —

a b c d e f g

a b c d e f g

h i j k l m n

h i j k l m n

o p q r s t u

o p q r s t u

v w x y z.

v w x y z.

é è ê ai au eu

é è ê ai au eu

ou an on in un

ou an on in un

ch ph th.

ch ph th.

1 2 3 4 5 6 7 8 9 0.

1 2 3 4 5 6 7 8 9 0.

1. — 𝒪 O = o, 𝒞 C = c.
ei, ey = ai.

nei sei rei lei vei hei cey ney.
mai que gue et gai geai sei est.
rei ne, pei ne, vei ne, l'ha lei ne,
nei ge, sei ze, ba lei ne, se rei ne,
O sée, O der, Cé ci le, Ca dix.

Octave est devenu page de la reine. Omer porte un col garni de baleine. Colin a acheté un superbe cheval à Ciney — il a neigé ce matin. Ovide partira le seize mai pour l'île de Ceylan. Othon a la figure sereine — toute peine mérite salaire.

2. - *E* E=e, *G* G=g.
eau = au. - ei ey eu ou.

peau beau veau seau teau l'eau.
haie reau cey meau rai quai.
le gâ teau, la beau té, nou veau,
le cha meau, ha meau, ber ceau,
four neau, rou leau, E lie, Eu ro pe,
E li sa beth, Gi ron de, Chê née.

Gustave a reçu pour cadeau un beau couteau. Erasme sue; il a bu du thé de sureau. Emile a posé son chapeau et son manteau sur le bureau. — le baron fera bâtir un beau château sur le coteau — le manche de mon marteau est de bouleau. Eulalie a mangé un morceau de gâteau. Eusèbe a acheté un niveau d'eau à Chatelineau.

3.- *S* S=s, *L* L=l.

œu, eux[1]=eu. - eau ei ey.

vœu eux deux ceux, œuf bœuf.
beau peux phan sœur bey feux.
Che veux, peu reux, dou teux,
nei geux, o ra geux, dan ge reux,
va ni teux, Sa ra, So do me,
La za re, Sa lo mon, E li sée.

Le cousin d'Émile est heureux :
il a obtenu un poste avantageux
— madame Lemaire a deux ne-
veux. Lucie a mal à la tête ;

---

(1) **x** à la fin d'un mot ne se prononce ordinairement pas.

c'est un mal douloureux. La sœur de Charité qui a servi maman, a bon cœur. Le cheval du fameux capitaine Lothaire est fougueux. Le notaire de Leuze a deux beaux chevaux. L'aspic est vénimeux; l'aconit est vénéneux. L'hiver est rigoureux. Luc est généreux et courageux; il soulage le malheureux.

4.- 𝒜 A=a, ℳ M=m, 𝒩 N=n.

es[1] = è. - eux œu eau.

les des ces mes tes ses.
La por te, les por tes; le ba lai, les ba lais; u ne mai son, des

---

(1) S final ne se prononce ordinairement pas.

mai sons; ce bureau, ces bureaux; mon ca nif, mes ca nifs; ma le çon, mes le çons; ton ca ne vas, tes ca ne vas; ta sœur, tes sœurs; son pa lais, ses pa lais; ce cha peau, ces cha peaux. — A sie, Ma rie, Mar the, Ni co dè me, La ro che.

———

Auguste a perdu toutes ses notes. As-tu vu les deux jolis pigeons d'Adolphe? Non, mais j'ai vu les onze jeunes lapins de Maximin. Nicolas partira mardi pour Namur. Alphonse est venu à la fête avec mes deux cousins, Michel et Arthur. Maurice, as-tu vu tes camarades Martin et Antonin? j'aime ces deux garçons — tu ne sais pas lire parce que tu ne t'exerces pas — je lis tous les jours.

5. — $\mathscr{P}$ P=p, $\mathscr{F}$ F=f.
am, em, en=an. — œu eaux.

lam ram tem sem pen den fen. des len mes rem jam vœux tam. Sam son, A dam, la pen te, jam be, men ton, la fen te, lam beau, tem pe, ren du, bam bin, dé pen se, en tê té, pé ni ten ce, Pa ris, Fur nes.

———

Pense à l'avenir — il est défendu de mentir; car le mensonge est un péché. Fulgence a vu l'empereur le jour de la Pentecôte. Philomène a entendu la fanfare. Le militaire marche au son du tambour.

Firmin a déjà vendu une centaine de jambons, et il en conserve encore environ cinquante. La tente a été emportée par la tempête. Félicité a posé la lampe sur la cheminée à côté de la pendule.

6.- 𝒰 U=u, 𝒴 Y=y.

ant[1], ent=an.- am em en.

tant chant gant dent lent vent.
gens peau fort doux tort cent.
A vant, ab sent, ser pent, mo ment,
l'en fant, l'é lé phant, vê te ment,
in dul gent, ha bi tant, fir ma ment,
l'in ten dant, le re mer cî ment.

---

(1) T ne se prononce ordinairement pas à la fin d'un mot.

Yves se repent de son entêtement; son père est fort content de ce changement — il faut faire l'aumône autant qu'on le peut, et secourir l'indigent. Laurent a autant d'argent que sa sœur Ursule. En s'amusant pendant les leçons, on met de l'empêchement à son avancement. Le bâtiment qui fait face à l'hôtel du gouvernement, est un couvent. Ulric, mon parent, est éloquent et fort savant. L'adjudant-major et le sergent auront de l'avancement; ils changeront de régiment.

7.- *X* X=x, *Q* Q=q.
om=on, um=un. -ant ent.
nom dom som pom fum hum cum.

sant veau bom gent ceux dans hors. Pom pe, bom be, tom be, rom pu, sur nom, le tom beau, le par fum, le com te, le pom pon, co lom be, com pa ré, re tom bé, ca ta com bes, Xé no phon, Quen tin, Y per lée.

―――

Les bons seront récompensés; les méchants seront punis. Le vicomte sait compatir au malheur de l'infortuné. Lambert a répandu des parfums sur la tombe de ses parents. Le tombeau du comte est entouré d'une guirlande. Caroline aime la compote. La bombarde est un énorme canon. Maxence est tombé dans le combat. La colombe gémit. Que fait le pigeon ?

8. - 𝓘 I=i, 𝓚 K=k.
im, ym, yn=in. —om um.

lim tim gim cym nym thym syn.
nim veux lent sot sans lym mot.
Im pair, nim be, im bu, lim bes,
syn ta xe, im par fait, les cym ba les,
tym pan, sym bo le, im por tan ce,
I ta lie, Ka boul.

L'eau de la fontaine est limpide.
Isidore étudie déjà la syntaxe.
Papa fait partie de la symphonie.
Irène joue des cymbales. Augustin
est impotent d'une jambe. Il n'y a
pas de paix pour l'impie. Fortuné
est malade; il est tombé en syncope.

9.- *H* H=h, *Z* Z=z.

ain, aim, ein=in.=im ym.

pain bain main faim daim rein sein. gain saint lin tym hein vain sim. Ain si, é tain, se rein, le vain, de main, vain queur, main te nant, sain te Hé lè ne, Za chée.

Le souverain Pontife est le père de tous les fidèles. Saint Zéphirin, pape, était romain. On peint le salon et on teint la laine. Henri aime la peinture. Sylvain a faim : il mange du pain sec. Le poulain mange du regain. Urbain ira demain avec sa tante à Louvain. Mon cousin germain porte une large ceinture.

10. — J=j, T=t.
ia ie ié iè io. — aim ein.

pia dia lié tié siè biè fiè vio rio.
miel saint fiel fier mort ciel fief.
Nièce, siége, bière, fiole, diamant, tiédeur, chaumière, l'amitié, la souricière, loriot, dialecte, Jourdain, Tournai.

———

Jacob aimait Joseph d'une manière toute particulière. Jésus veut dire Sauveur. Maman invoque souvent le saint nom de Jésus. Saul fut entouré d'une vive lumière du ciel. Thomas joue du violon et Justine joue du piano. Liévin a composé un beau dialogue sur l'amour filial.

Jules a acheté à Liége une jolie tabatière. Thérèse a mis la soupière dans la chaudière. Le médecin a mis Geneviève à la diète. La malade a reçu le saint viatique avec une piété angélique.

11.- 𝒱 V=v, 𝒲 W=w.
iai iau ieu ian ion ien[1]

lieu mieux biais vian pion rien tien. ciel cieux pain mien faim sien diant. Vian de, mi lieu, com bien, pen sion, en vieux, lam pion, bien fait, so ciaux, di vi sion, con fian ce, his to rien, Vir ton, War ne ton.

---

(1) ien se prononce i in, excepté dans les mots orient, inconvénient, expérience, audience et quelques autres, où il prend le son de ian.

Fais du bien à tout le monde — bienheureux sont les miséricordieux. Chacun de nous a son ange gardien. L'inférieur écoute son supérieur. Ce vieux religieux est bien pieux. L'étudiant récite sa leçon de religion. L'Italien est bon musicien. Julien, le cousin de ton ancien pharmacien, est le soutien de son vieux père. Félicien sera bientôt chirurgien. Le chien de Victor a mangé toute la viande. Adieu Lucien, je pars pour Walcourt.

12.- ℬ B=b, ℛ R=r.
ui oui uin oin ouin.
lui nui oui foin coin soin douin.
moins nuit juin juif point rien buis.

Fui te, poin te, lui re, hui le, suin té, sui vi, re coin, bé douin, loin tain, cui re, rui né, be soin, con dui te, le ba bouin, ré dui re, join tu re, Ro me, Ber lin, Rhin, Bor deaux.

———

La Belgique a pour devise : L'union fait la force. Baudouin, au lieu de fuir, poursuivit les Musulmans. Je suis le huitième de ma division. La tuile est cuite. La cuisinière cuira aujourd'hui de la viande. Remy a besoin de son étui de mathématique. Le suif, à la cuisine, est tout couvert de suie. Je ne puis me nuire en mangeant ce biscuit. Papa a conduit Rosalie jusqu'à Thuin. L'insouciance mène à la ruine.

13. — 𝒟 D = d.

oi = oa. — ui oui oin ouin.

moi toi soi roi loi foi oie joie.
noix soir joint toit poil voir voix.
Boi re, toi le, con voi, voi là, boi teux;
ti roir, poi son, mou choir, dor toir,
bon soir, l'ar doi se, le cha noi ne,
Gau lois, Da vid, Di nant.

———

Le roi a six beaux chevaux à sa voiture. Vive le roi! — Une étoile a paru aux Rois mages. Louis chargera son avoine sur la voiture de son voisin. Voici une noix qui est bien dure. La poix est noire. Ma tante a un voile de soie noir. Maman a mis la boîte d'ivoire et le miroir dans l'armoire. Dominique a mangé la moitié d'une poire avant de faire son devoir d'histoire. Sais-tu, Denis, que Dieu est témoin de ta conduite ?

A B C D E F
A B C D E F

G H I J K L
G H I J K L

M N O P Q
M N O P Q

R S T U V
R S T U V

W X Y Z
W X Y Z.

14. — B=V, R=N.

aë oë aï oï aü ouï ïa aïn.

a ïe haï ou ïe naïf saül aïeul Caïn.
Laïque, poëme, égoïste, héroïne,
héroïque, coïncidence, ïambe, Caïphe.

Nous devons haïr le péché. J'orne
l'autel de mon petit Jésus le jour de Noël.
Caïn tua Abel par jalousie. Ismaël est le
père d'une partie des Arabes. Jacob était
doux; Esaü avait des manières rudes.
Moïse reçut la loi de Dieu sur le mont
Sinaï. Misaël fut un des jeunes gens que
le roi de Babylone choisit pour son service.

15. — br pr dr tr. — aï ai oi.

bru bro pré pra pré dro tri tré,
praï bran prou trom brun train droit.
brin trois prix haïr bras proie bruit.
Arbre, branche, prison, drapeau, trône,

prin ce, nom bre, prê tre, trou peau, chau dron, prai rie, a pô tre, tra ver sé, en tre pren dre, em prun té.

———

Ne fais pas à autrui ce que tu ne voudrais pas qu'on te fît à toi-même. Notre maître aime la prière, l'ordre et la propreté. Nous pouvons être fiers de notre Patrie et de notre Souverain. La prudence est la première vertu cardinale. La fête de la Très-Sainte Trinité se célèbre le dimanche après la Pentecôte. Nous avons rencontré notre ami Ambroise à la promenade. La marchande veut vendre ses prunes à trente centimes le cent. Alexandre aura treize ans le trois novembre; ce garçon deviendra très-adroit. Votre pupitre doit être propre.

16.—gr cr vr fr phr.—br pr dr tr.

gré gro crè cru vre vri fra fro phry, gras vrai train creux grain proie frein.

Gri ve, grâ ce, crè me, su cre, chè vre,
frai se, phra se, en cre, cui vre, croi re,
fro ma ge, vi nai gre, cru ci fix, fram boi se.

Aimons Dieu, notre Créateur et notre souverain Maître. Un élève d'ordre couvre tous ses livres. Je sais déjà écrire de petites phrases. Grégoire a grondé son frère François. Grand-papa viendra nous voir mercredi ou vendredi. Les troupes françaises ont franchi la frontière d'Italie. L'écran de notre chambre a été brûlé. Frédéric se livre à l'agriculture. Ce pauvre nègre a maigri de chagrin. Le tigre est un animal cruel. Notre froment se trouve dans la grande grange.

17. – bl pl gl cl sl fl phl.

blé pli plu gle clo sla flè flu phly.
clou crin bleu gris plein flux bloc fleur.
Plu me, blou se, flè che, rè gle, clo che,

pleu ré, gloi re, phly se, cloi son, Flan dre, sla ve, flam beau, a veu gle, sem bla ble.

La pluie fait croître les plantes. Préfère l'utile à l'agréable. Contribue à la gloire de ton Dieu et à la prospérité de ta patrie. Votre oncle est un vénérable prêtre. Le maître explique le problème au tableau noir. Le jeune Claude a lu un chapitre de la sainte Bible; puis il a déclamé la fable du Lièvre et de la Tortue. Prosper mérite d'être récompensé pour sa propreté exemplaire. Clément joue de la flûte. Florence a placé un plat plein de prunes sur la table. Alfred a mal à la jambe droite; c'est pourquoi il marche clopin-clopant. Le dindon glougloute.

18.-sp st sc sm sph ps.-pl gl fl.

spa spi sto stè sca scé smy sphè psau. bleu clos stuc gros scan pluie scie frac. Stère, instant, scène, scolaire, sphère, psau me, spi ra le, scan da le, scien ce, Smyr ne, spi ri tu el, scar la ti ne, spa cieux.

Un élève studieux a rarement besoin d'être stimulé. Si vous faites le mal, votre conscience vous fera des reproches. Je porte un scapulaire bleu. La bonté inspire la confiance. Le saint roi David porte le nom de psalmiste, parce qu'il a composé les psaumes. Dans le salon de l'inspecteur, se trouve une jolie statue de stuc. Auguste a descendu le store de la fenêtre. On redoute la piqûre du scorpion.

19. — gn. — sp st sc sm sph ps.

gne gna gnu gné gneu gnoi gnon. plan gnal spée clair gneur frai sceau. Li gne, bor gne, soi gné, si gnal, co gnac, ro gnu re, cam pa gne, di gni té, baignoi re, i gno ran ce, Char le ma gne, Mon ti gny.

Notre digne maître nous enseigne tous les jours la loi de Dieu. Monseigneur m'a fait faire le signe de la croix. Craignons le péché et éloignons-nous de tout ce qui y conduit. L'ivrogne se dégrade. Un sou épargné, c'est un sou gagné. L'Espagne est une contrée montagneuse. Ce vigneron soigne bien sa vigne. J'ignore le témoignage qu'on a rendu de votre conduite. Mon compagnon a conduit son agneau sur la montagne.

20. — str scr spl. — gn st sc sp.

stri stra stre scro scri scru splé splen. spic strein club plaie struc gneau strui. Scri be, stro phe, la splen deur, stric te, scru ta teur, le stra ta gè me, in strui re.

Le ministre a fait construire un château splendide sur la montagne. L'instrument de mon frère est très-bon. Léon a chanté une strophe du nouveau cantique. Nous avons élu notre président par scrutin. Papa a transplanté la haie de notre jardin. L'astronome calcule le cours des astres. Il ne faut pas devenir scrupuleux.

21. — rc, ct, lt, st, rf, rs, ps.

ar, arc, parc, turc, porc, Marc, ac, act, tact, intact, contact, exact, direct, infect, abject, strict, cobalt, Est, Ouest, zist, zest, Brest, serf, ours, mars, mœurs, Anvers, laps, Reims, cinq, zinc, lynx, obstiné, obstacle.

Dieu aime l'enfant qui est exact à remplir son devoir. Saint Marc est un des quatre évangélistes. Sur les cartes géographiques, l'Est se trouve à droite et l'Ouest à gauche. Victor a du tact. Ernest habite une chambre obscure. Nous avons rencontré un turc à Anvers. Nous prendrons le chemin direct pour nous rendre au parc. On a jeté le captif dans un cachot infect.

22. — mm nn pp rr cc ll bb gg ss tt.

Pomme=po me, frappé=fra pé, serré=sè ré, renne=rè ne. Flamme, anneau, balle, nappe, beurre, chauffé, botte, accusé, ruisseau, affable, chandelle, tonnerre, aggravé, abbesse, charrue, l'occasion.

La crainte du Seigneur est le commencement de la sagesse. Dieu pardonne à l'homme repentant. L'honneur et le bonheur de l'homme sont dans la vertu. Le bon élève doit être ennemi de la paresse. On fête l'anniversaire de la naissance du roi. L'ecclésiastique qui a chanté la messe, s'appelle l'abbé Achille. Papa m'accordera la permission de répondre à cette lettre.

Nous venons d'apprendre une bonne nouvelle : les vacances de notre ami Pierre commenceront cette année le même jour que les nôtres. Cette lettre est aussi belle que la mienne. La bonne m'a donné cette belle pomme, qu'elle a apportée de la ville. Etienne a cassé une assiette, un verre et une jatte. Nous allons offrir nos hommages à notre confesseur, qui vient d'être nommé chanoine.

23. — rr ll dd gg nn mm.

1º — Irrité = ir ri té, irrésolu, erreur, allégé, collègue, collecte, sollicité, illusion, intelligent, additif, suggéré.

2º — Inné = in né (1), innombrable, innové, innavigable, annales, annulé, triennal, immortel, immense, immaculé, immeuble, immobile, immédiatement.

---

(1) Dans ce mot et dans les suivants, n ne forme pas, avec la voyelle qui le précède, un son nasal, mais une syllabe, que l'on prononce à peu près comme si n était suivi d'un e muet. Il en est de même de m dans *immortel*, etc.

3° — em = a. Femme, prudemment, ardemment, violemment, négligemment, fréquemment.

4° — em, en = an. Emmené, emmanché, emmantelé, emmiellé, ennui, ennoblir.

Notre âme est immortelle. Votre collègue est très-intelligent. On fait une collecte pour les pauvres. Vous êtes dans l'erreur de croire que nous avons innové. Je souffrais violemment; mais votre remède a allégé mon mal. Le notaire a suggéré à cette femme l'idée de vendre son immeuble. On ne s'ennuie jamais quand on travaille.

24. — y = ii.

Crayon = crai ion, noyau = noi iau, moyen = moi ien, paysan = pai i san. Rayon, le tuyau, doyen, payé, mon pays, paysan, joyeux, frayeur, employé, royauté, croyant, citoyen, fuyons, voyagé, payable.

La Belgique est un royaume. Un bon citoyen aime son pays. Soyons soigneux dans les plus petites choses et loyaux dans toutes. Ce voyageur voyage toute l'année. Le balayeur a balayé la rue. Le domestique a nettoyé le tuyau de la cheminée. Mon oncle a renvoyé son employé déloyal. L'habitant de la campagne s'appelle paysan, celui de la ville, bourgeois.

25. — il, ill.

ail aill eil eill œil euil euill ouil ouill. Ail, bail, seuil, deuil, babil, péril, avril, bille, bétail, paille, caillou, conseil, oreille, groseille, meilleur, orgueil, cercueil, chevreuil, feuille, houille, grenouille, bouillon.

Le bon Dieu veille aussi sur nous pendant le sommeil. Le soleil éveille les abeilles. La chenille se change en papillon. Le surveillant a examiné mon travail en détail. Chacun des meilleurs élèves recevra une médaille en vermeil. Les artilleurs ont mitraillé la vieille muraille. Cette bataille a plongé dans le deuil bien des familles. La bouteille se trouve dans la corbeille à côté du fauteuil. L'écureuil s'est caché sous le feuillage de ce tilleul. La houille est extraite des houillères.

26. — er, ez = é.

Parler = parlé, chanter, pleurer, prier, berger, rocher, écolier, encrier, premier, dernier, portier, ouvrier, janvier, février, Verviers, nez, rez, chez, assez, venez, lisez, mangez, écoutez, calculez, écrivez, étudiez, répondez, travaillez.

Le jardinier cultive le jardin. Que font le cuisinier, le boulanger, le boucher, l'épicier, le meunier, le menuisier, le cordonnier, le serrurier?... Le pommier porte des pommes; le poirier porte des poires. Que porte le groseiller?... Aimer

Dieu par dessus toutes choses est le premier de tous les commandements. Enfants, aimez, honorez et révérez vos parents; obéissez-leur, assistez-les; priez pour eux; respectez aussi vos autres supérieurs, tant ecclésiastiques que séculiers. Ne mentez jamais et l'on croira toujours ce que vous direz. Donnez à manger à ceux qui ont faim.

27. — d, b, p, g, z, c, l, f, ch.[1]

Nid = ni, riz = ri, plomb = plom, poing = poin. Loup, drap, camp, soûl, jonc, sang, nerf, nœud, tabac, hareng, sourcil, profond, aplomb, almanach.

Le sourd n'entend pas. Tôt ou tard, le châtiment atteint le coupable. A Gand, on parle le flamand. Le plomb est un métal

---

(1) Les quatre premières consonnes ne se prononcent presque jamais quand elles sont finales; les cinq dernières sont également nulles à la fin des mots de la présente leçon et de quelques autres termes.

d'un blanc bleuâtre. Le clerc a mal à l'estomac. Il ne fait ni trop chaud, ni trop froid. Il ne faut pas placer le banc trop près du bord de l'étang. Le renard a reçu un coup de fusil dans le flanc. Le campagnard revient du champ au grand galop. Bernard aime beaucoup le sirop de coing.

28. — ps ds ts ls gs ct pt gt lx.

Corps=cor, poids=poi, pouls=pou, legs=le. Puits, prompt, doigt, aulx, instinct, remords, exempt, il rompt, le respect, les épinards, le printemps, les regards, les remparts.

———

Nous devons nous souvenir des bienfaits reçus. Le sage est économe du temps et des paroles. Le bonheur des méchants ne dure pas longtemps. Ne parlons jamais mal des absents. Chaque animal a son instinct particulier. Les cerfs font quelquefois de fameux bonds. Le jardinier nous a donné deux grands paniers d'aulx. J'entends dire par les campagnards que les champs sont couverts de riches moissons.

29. — et = è.

Poulet=poulè, gilet, sujet, bonnet, bouquet, crochet, projet, jouet, regret, complet, discret, inquiet, billet, feuillet, juillet, œillet.

Sache garder un secret. Le barbet a pris le baignet de mon frère cadet. Je connais par cœur toutes les lettres de l'alphabet. Il a fait chaud pendant tout le mois de juillet. Ce billet a été fait par un sourd-muet. Le roitelet est un petit oiseau à bec fin, dont le plumage est olivâtre, et qui a sur la tête une tache d'un beau jaune.

30. — ent = e.

Ils parlent=il parle, ils jouent, ils donnent, ils reçoivent, ils apprennent. Ils avaient, ils étaient, ils parlaient, ils chantaient, ils jouaient, ils mangeaient, ils buvaient.

A l'école, les enfants prient, étudient, lisent, écrivent, calculent, dessinent, chantent, etc. Les chevaux marchent; les oiseaux volent; les poissons nagent; les vers rampent; les mouches bourdonnent; les vaches mugissent; les ânes braient; les moutons bêlent; les chats miaulent; les chiens aboient; les cochons grognent; les coqs chantent; les lions rugissent; les loups hurlent; les ours grommellent; les pigeons roucoulent.

31. — ai = é, eu = u.

J'ai, j'ai eu, j'aurai, j'aurai eu; j'eus, tu eus, il eut, nous eûmes, vous eûtes, ils eurent; j'eus eu, tu eus eu, il eut eu, nous eûmes eu, vous eûtes eu, ils eurent eu; que j'eusse eu, que tu eusses eu, qu'il eût eu, que nous eussions eu, que vous eussiez eu, qu'ils eussent eu. Je parlai, je parlerai; je chantai, je chanterai; je mangeai, je mangerai; je travaillai, je travaillerai. La mangeure, la gageure, l'égrugeure.

Je mangerai du pain et je boirai de l'eau. Je vous aimerai toujours, chers parents. J'ai mon livre et mon ardoise, j'irai à l'école; là, je serai attentif, appliqué et tranquille; j'étudierai ma leçon, je lirai et je ferai mon devoir. Après la classe, je ne m'amuserai pas en route, et je ne crierai pas dans les rues; mais je reviendrai tranquillement à la maison; puis je remettrai à maman les bons points que j'aurai gagnés.

32. — ti = ci.

Nation = nacion, ration, portion, fonction, fraction, dévotion, perfection, distraction, instruction, national, dictionnaire, partial, prophétie, satiété, ambitieux, prétentieux, égyptien.

Toute bonne action aura sa récompense. Il n'y a pas de règle sans exception. La contrition est une partie essentielle du sacrement de pénitence. Nous ferons une composition sur la soustraction. Celui qui ne fera pas attention, aura une punition. Donatien ne fait que balbutier. La position de la station est fort belle. Gratien montre beaucoup de patience dans son affliction.

33. — ch = k.

Cho = ko cha chan chré chri chlo chrê. Echo, chœur, chaos, Christ (1), chrême, chlorure, Chanaan, choléra, chrétien, Christine, orchestre, Melchior, patriarchal, archiépiscopal, Melchisédech.

Christ veut dire oint. Je suis chrétien,

---

(1) On prononce st.

c'est-à-dire, disciple de Jésus-Christ (1). Judas-Machabée battit les généraux d'Antiochus (2) Epiphane. L'archange Gabriel apparut à Zacharie dans le temple. Jésus-Christ institua le sacrement de l'Eucharistie la veille de sa mort. On donne le nom de choriste au chantre du chœur. Christophe a une maladie chronique. Un véritable chrétien doit aimer et servir son Dieu, sa Patrie et son Souverain.

34. — RÉCAPITULATION.

Caractères italiques.

a b c d e f g h i j k l m
n o p q r s t u v w x y z.
A B C D E F G H I J K L M
N O P Q R S T U V W X Y Z.

Pain, beau, chant, nom, cœur, nuit;

---

(1) *st* ne se prononce pas.
(2) *s* se prononce.

vieux, ciel, roi, droit, fleur, parc, œil, nez, sang, doigt, j'ai eu, reine, chapeau, heureux, comte, lumière, bourgeois, villageois, supérieur, étudiant, haïr, prune, ligne, vanne, immortel, citoyen, addition, fauteuil, rocher, bouquet, chrétien.

―――

Le maître enseigne. Que font les élèves ? Le cordonnier fait des souliers. Qui est-ce qui fait des chapeaux ? Que fait le tailleur ? Les vaches nous fournissent du lait. Que nous donnent les moutons ? Le bon écolier désobéira-t-il à son maître ? Mon enfant, ne sois pas insensible à la misère d'autrui. Nous devons rendre à Dieu ce qui appartient à Dieu et aux hommes ce qui leur appartient. Dans la sainte communion, nous recevons le corps et le sang adorables de notre Seigneur Jésus-Christ. Le vieillard a droit à notre respect et à notre déférence.

35. — EXCEPTIONS (1).

1° *A*oû*t*, *t*oas*t*, se*c*on*d*, asseoir, po*ê*le, m*o*elle, Japh*e*t, cigu*ë*, lon*g*t*em*p*s*, san*g*sue, si*gn*e*t*, *o*ignon, fi*l*s, da*m*né, con*d*a*m*n*er*, auto*m*ne, Cham (2), Amsterda*m*, cal*o*mnie, a*m*nistie, ins*o*mnie, in*d*emnité, *g*ymnastique, S*e*m, Jér*u*sal*em*, Ephraï*m*, s*o*mnanbule, rh*u*m, alb*u*m, max*i*m*u*m, pens*u*m, e*xg*a*m*en, europ*é*en, R*u*b*e*n, B*e*nj*am*in, M*e*nt*o*r, *e*nivr*er*, *e*norgueillir, *e*nnoblir, sol*e*nn*e*l, h*e*nnir, a*m*en (3), Ed*e*n, G*e*ss*e*n,

---

(1) Les lettres en italique ne se prononcent pas ou prennent le son des lettres dont elles sont surmontées.
(2) Voir le renvoi de la page 30ᵉ pour le mot *Cham* et pour les quatorze mots suivants.
(3) Dans *amen* et les trois mots qui suivent, *en* prend à peu près le son de *ènne*.

li*ch*en (kè), pu*n*ch (o), mo*n*sieur (c), œsophage (é), œcuménique (é), Laon (o), paon, ba*p*tême (é), scul*p*teur, co*m*pte (é), do*m*pter (amp), réde*m*pteur (amp), schisme, schiste, I*s*raël (z), tran*s*itif (z), tran*s*iger (z é), tran*s*action (z), *t*ion (c), en*t*resol (ç), para*s*ol (c), vrai*s*emblable (ç), as*th*me (ès), is*th*me, Met*z* (ui), aigu*i*lle (ui), aigu*i*llon, aigu*is*er (ui é), *équ*ateur (koua), *qu*adruple (koua), *équ*itation (ui c), *exc*ellent (èk cè), *exc*eption (èk cèp c), Bru*x*elles (ss), Au*x*erre (ssè).

Bruxelles est la capitale de la Belgique. Laon, Metz et Auxerre sont des villes de France. Les trois fils de Noé s'appelaient Sem, Cham et Japhet. Jacob ou Israël avait douze fils dont l'aîné s'appelait Ruben et le plus jeune Benjamin. Le Rédempteur du monde est mort sur le mont Calvaire à côté de Jérusalem. Il ne faut pas s'asseoir trop près du poêle. Je sais déjà compter jusqu'à mille. Les exercices gymnastiques sont excellents pour développer les membres du corps. Nous nous ennoblissons par la vertu et le courage.

2° Cinq, six, sept, huit, neuf, dix, dix-sept, dix-huit, dix-neuf, vingt, vingt-cinq, quatre-vingt, quatre-vingt-cinq, deuxième, sixième, dixième, soixante, deux amis, cinq hommes, six enfants, sept écoliers, huit ardoises, neuf encriers, dix armoires, dix-sept assiettes, dix-huit habits, dix-neuf anglais, vingt allemands, quatre-vingts italiens; cinq pommes, six poires, sept prunes, huit cerises, neuf groseilles, dix figues, dix-sept billes, dix-huit balles, dix-neuf plumes, vingt francs quatre-vingts centimes; œuf, œufs, œuf frais; bœuf, bœufs, bœuf gras; cerf-volant, chef-d'œuvre.

———

Allez acheter un quarteron d'œufs; car nous n'avons pas un seul œuf à la maison. Désirez-vous un œuf dur, Monsieur? Je préfère les œufs à la coque. Notre bœuf pèse trois cent quatre-vingt-six kilogrammes. Parlez-vous de votre bœuf gras? Les bœufs de monsieur le comte sont bien plus gras que le vôtre. La corde de mon cerf-volant a cinq cent vingt-sept mètres. Monsieur le directeur de l'académie de Bruxelles a dit que mon frère fait beaucoup de progrès dans la peinture, et que le tableau qu'il vient de terminer, est un chef-d'œuvre. Les dernières leçons de notre deuxième livre de lecture sont difficiles. Je les repasserai encore une fois avant l'examen, qui aura lieu le vingt-six août.

36. — Avis à un jeune écolier.

Voulez-vous être béni de Dieu, chéri de vos parents, de vos maîtres et de vos condisciples, observez les conseils suivants :

1. Le matin, en vous levant, faites le signe de la croix, et dites : « Mon Dieu, je vous donne mon cœur. » Après vous être habillé et nettoyé, mettez-vous à genoux et dites pieusement la prière du matin ; souhaitez ensuite le bonjour à vos parents, et étudiez votre leçon ou faites quelque autre ouvrage. Le déjeûner servi, dites le bénédicité ; mangez proprement et poliment. Ne quittez pas la table avant d'avoir dit vos grâces. Faites de même à tous les autres repas.

2. En vous rendant à l'école, marchez modestement, sans crier, ni offenser personne ; ne vous arrêtez pas en chemin, et si vous rencontrez quelque personne honorable

que vous connaissez, saluez-la avec respect.

3. Arrivé à l'école, saluez le crucifix et votre maître, et rendez-vous à votre place en silence, pour ne pas troubler l'ordre, ni déranger vos compagnons. Pendant toute la durée de la classe, soyez silencieux, appliqué à l'étude, charitable et complaisant envers vos voisins, attentif et docile aux leçons du maître. Tenez propres et en bon état, vos habits, vos livres, vos cahiers et tous vos autres effets. Après la classe, retournez à la maison comme vous en êtes venu. Souhaitez de nouveau le bonjour ou le bonsoir à vos parents; montrez leur le travail du jour et remettez leur les bons points et autres récompenses que vous avez obtenus à l'école.

4. A la maison, tâchez d'être la joie de toute la famille, par votre respect, votre soumission envers vos parents, et par votre obligeance et votre amabilité envers tout le monde. Ne demandez pas la permission d'aller jouer avant d'avoir étudié votre leçon

et fait vos devoirs de la classe suivante.

5. Dans vos récréations, éloignez-vous des enfants grossiers, querelleurs, menteurs, maraudeurs, de ceux qui prononcent des jurons ou de vilaines paroles; surtout ne les imitez pas; fréquentez, au contraire, des compagnons pieux, honnêtes et aimables.

6. Pensez, en entrant à l'église, que c'est la maison de Dieu; prenez de l'eau bénite et faites pieusement le signe de la croix. Arrivé à votre place, mettez vous à genoux et adorez Notre-Seigneur; puis récitez votre chapelet ou lisez dans votre livre de prières, sans jamais parler à vos voisins, ni tourner la tête à droite ou à gauche pour voir ce qui se passe autour de vous.

7. Le soir, avant de prendre votre repos, souhaitez le bonsoir à vos parents; mettez vous à genoux; dites dévotement votre prière du soir; prenez ensuite de l'eau bénite; déshabillez-vous promptement, et couchez-vous modestement.

www.ingramcontent.com/pod-product-compliance
Lightning Source LLC
LaVergne TN
LVHW020942090426
835512LV00009B/1683